LOUISE COLET

EN COURS DE PUBLICATION

CHEZ LE MÊME LIBRAIRE

MÉMOIRES DE NINON DE LENCLOS

PAR EUGÈNE DE MIRECOURT

CO livraisons à 25 centimes, avec gravures.
18 fr. l'ouvrage complet par la poste

————

OUVRAGE TERMINÉ

CONFESSIONS DE MARION DELORME

PAR EUGÈNE DE MIRECOURT

60 livraisons à 25 centimes, avec gravures.
18 fr. l'ouvrage complet par la poste.

————

PARIS. — Imp. de Dubuisson et Cie, rue Coq-Héron, 5.

Carey, del et sc.

Imp. de Mangeon, 67. r. S.ᵗ Jacq. Paris.

LOUISE COLET

Publié par G. HAVARD.

LES CONTEMPORAINS

LOUISE COLET

PAR

EUGÈNE DE MIRECOURT

PARIS

GUSTAVE HAVARD, ÉDITEUR

15, RUE GUÉNÉGAUD, 15

1857

LOUISE COLET

Nous allons raconter l'histoire d'une muse célèbre, qu'un écrivain de nos jours a cruellement blessée dans ce qu'une femme a de plus cher au monde, son honneur.

Elle n'a pu ni provoquer son ennemi en duel, afin de le châtier comme il méritait de l'être, ni demander vengeance aux tribunaux, sans donner à l'offense le retentissement du scandale, sans éveiller les interminables commentaires des méchants et des sots.

Donc, cet homme de lettres a commis un acte sans excuse, pour l'unique plaisir de faire un calembour stupide.

Ailleurs, nous avons raconté comment notre héroïne essaya de venger son outrage.

Si la *piqûre de Cousin* n'est pas plus restée sur la conscience du coupable que l'arme de Louise Colet dans sa peau d'insulteur, cela prouve que certaines gens ne connaissent pas le remords et que toutes les mauvaises actions ne sont pas punies en ce monde.

Voilà ce que nous avions à dire,

avant d'entamer notre récit biographique.

Louise Colet, née Révoil, a pour patrie la vieille capitale de la Provence.

Aujourd'hui rabaissée à l'état de sous-préfecture, cette ville, sans la jeunesse turbulente et littéraire de sa Faculté de droit, serait une cité morte, et ne se rappellerait peut-être pas qu'elle a donné naissance à la première des femmes poètes du siècle.

Mademoiselle Louise Révoil appartient à une ancienne famille parlementaire.

Elle fut élevée par deux de ses tantes, au château de Servannes, près d'Aix.

C'était une jeune fille merveilleusement belle et remplie d'intelligence, une de ces créatures d'élite que Dieu semble

avoir faites avec amour, en leur prodi-
guant la grâce, l'esprit et la bonté.

Or, bonté ne veut pas dire douceur.

Mademoiselle Louise était fort vive,
fort impétueuse, et ses chères parentes
lui reprochaient ce défaut, tout en ajou-
tant avec une tendre indulgence :

— Qu'y faire ? Il n'y a pas de diamant
sans tache.

Passionnée tout à la fois pour l'étude
et pour le jeu, Louise apprenait ses leçons, écrivait ses devoirs avec ardeur;
puis, la récréation conquise, elle s'é-
chappait comme l'oiseau de sa cage, et
s'envolait dans le parc.

A peine si elle prenait le temps de dé-
jeûner avec ses tantes.

Mais elle avait soin de bourrer ses poches de petits pains et de fruits ; car, dans ses promenades, elle passait toujours du côté de la grille, où l'attendaient de malheureux petits enfants du bourg et quelques vieillards infirmes.

Elle leur distribuait ses provisions, puis continuait sa course, joyeuse et battant des mains.

Les gens du village disaient :

— C'est une fée, la petite demoiselle ! *La piscôun doumeisella est poulida comme uné fade.*

Se livrant à des études bien supérieures à celles dont s'occupent d'ordinaire les personnes de son sexe, Louise apprit la langue latine.

Plus tard, cela servit à la familiariser avec les poètes anciens et à développer les élans de sa muse. Toutefois, disons-le, nous regretterions de voir adopter universellement par la plus belle moitié du genre humain cette éducation trop solide et trop pédantesque.

De bonne heure notre héroïne sentit s'éveiller en elle le génie poétique.

Mais ses premières excursions sur le Parnasse affligèrent ses tantes; le goût de la jeune personne pour la rime trouva chez les bonnes dames une sympathie médiocre.

— Caprice de fillette! murmuraient-elles en raillant leur nièce sur sa manie d'écrivasser. Va, mon enfant, aligne des vers ! Tu reconnaîtras bientôt que l'existence est en prose.

— Ah ! c'est possible, quand on ne la poétise pas ! répondait en souriant Louise.

Elle était née décidément fille d'Apollon.

Le rêve flottait sans cesse autour de sa gracieuse tête blonde ; l'idéal chantait dans son âme, et le rhythme la berçait de ses cadences mélodieuses.

Instinctivement elle traduisait tout en rimes.

On assure qu'elle avait, à quinze ans, des manuscrits assez nombreux pour composer un gros volume.

Ses vers offraient sans doute ce cachet d'imperfection que donne l'ignorance de la vie. Le talent ne se développe que sur le terrain des choses réelles.

Mais, patience ! la jeune fille d'hier est déjà presque une femme.

Sa beauté devient merveilleuse, et les hommes qui la voient passer, en robe d'organdi, sous les grands tilleuls de l'avenue, se retournent pour suivre des yeux cette apparition presque céleste.

Ils songent aux jeunes princesses des contes de fées ou aux mignonnes châtelaines des romans de chevalerie.

Louise a une véritable taille de Vénus antique.

Son visage est éblouissant de fraîcheur. Autour de son front pur, ses cheveux,

d'un blond cendré, forment un large dia-
dème, et son œil, d'un bleu profond,
rayonne d'esprit sous sa vive prunelle.

Tous les jeunes gens du voisinage de-
viennent amoureux de la jeune muse.

Un d'eux en eut même le cerveau com-
plétement renversé.

Le pauvre garçon n'était pas un Adonis.
Il joignait aux disgrâces de sa physionomie le tort d'une mise ridicule, tort sérieux, que vous pardonnez rarement, mes-
dames, à celui qui soupire pour vous.

En effet, le moyen de ne pas rire aux
dépens de ce tourtereau, vêtu comme un
premier communiant, et dont le pantalon
trop court ne dissimule ni les souliers
de séminariste, ni les jambes osseuses.

Donc la belle Louise est impitoyable.

Quant à l'amoureux, il ne peut vaincre sa timidité. La passion même le rend chaque jour plus gauche et plus absurde. Il se borne à contempler la jeune châtelaine avec ivresse, versant en secret des larmes abondantes, et n'osant même pas envoyer à Louise des fleurs qu'il cultive tout exprès pour elle.

Ces fleurs étaient les seules confidentes de son désespoir.

Sous les désavantages de sa personne, le malheureux cachait une âme profondément sensible.

Bref, il aima si fort, qu'il en mourut.

A son dernier jour, il écrivit à Louise une lettre empreinte d'une mélancolie touchante, et la pria d'accepter quelques fleurs en souvenir de lui.

Du reste, pas un reproche, pas une plainte.

Cette passion, dont la railleuse jeune fille n'avait vu que le côté grotesque, et dont la dernière péripétie devenait tout à coup si lamentable et si lugubre, impressionna vivement son âme.

Elle pleura le défunt et conserva ses fleurs.

Nous devons à ce souvenir de jeunesse un de ses morceaux poétiques les plus attendrissants.

Paris appelait Louise Révoil; Paris, ce phare lumineux, qui resplendit au loin sur l'Océan des aspirations et des incer-

titudes. La véritable patrie du poète est
la ville qui donne la gloire, et où il espère
conquérir un jour l'auréole.

Notre héroïne avait dix-huit ans lorsqu'elle quitta la Provence.

Elle dit adieu sans regret à son beau
ciel inaltérable, aux orangers et aux
myrtes de son pays natal, et vint se
fixer sous notre atmosphère froide et
grise.

Installée chez une de ses parentes, elle
sortit, dès le lendemain, pour se mettre
en campagne.

La muse intrépide affronta résolument
du bout de son cothurne le pavé fangeux
de Lutèce. Elle se présenta chez les di-
recteurs de revues, porta ses vers aux

journalistes, et bientôt son éclatante
beauté, son charme vainqueur aplanirent
devant elle tous les obstacles.

Mademoiselle Révoil ne rencontra sur
sa route aucune de ces barrières que l'orgueil du sexe mâle élève presque toujours
contre les prétentions des femmes au titre d'écrivain.

Ricourt venait de fonder *l'Artiste*.

Ce diable d'homme, — un galant homme, du reste, et l'un des esprits les plus
distingués de notre époque, — semble
avoir eu pour mission d'appuyer de son
patronage tous les talents inconnus, et de
distribuer aux autres les lauriers que
jamais il ne chercha pour lui-même.

Il causait avec Louis Boulanger, le

jour où mademoiselle Révoil, un peu
émue de sa démarche, entra dans les
bureaux de *l'Artiste*.

Nos deux amis se levèrent, tout émer-
veillés de cette visite radieuse, et Ricourt
avança un fauteuil.

Louise lui offrit un petit rouleau de
papier, noué d'une faveur bleue.

— Ce sont quelques vers de ma composition, dit-elle. Aurez-vous, s'il vous plaît,
l'obligeance de les parcourir?

— Volontiers, madame, à l'instant même, dit Ricourt.

Il prend le manuscrit, le déroule, et
lit d'abord deux ou trois strophes tout
bas; puis, s'enthousiasmant à mesure qu'il avance dans cette lecture, il

achève la pièce à haute voix, et s'écrie :

— Mais ces vers sont ravissants, madame! Vous avez le souffle lyrique de Victor Hugo, avec une forme plus pure et plus sévère.

Louise s'inclina toute confuse devant cet éloge qu'elle était loin d'attendre, et pour lequel nous ne chercherons pas noise à Ricourt. On comprend l'exagération en pareille circonstance.

La galanterie en a fait dire bien d'autres.

— Quoi! monsieur, balbutie-t-elle, vous les trouvez dignes d'être insérés dans *l'Artiste*?

—Oui, madame, répond notre aimable rédacteur en chef, et *l'Artiste*, je vous le

déclare, demeure votre obligé, car il n'est
malheureusement pas assez riche pour
les payer ce qu'ils valent.

A ces mots, il sonne le garçon de bureau.

— Portez cette copie à l'imprimeur,
dit-il, et prévenez-le que ce sera l'entête
du journal!

Louise salue de sa plus belle révérence
et sort.

— Ma foi, quand j'ai vu paraître cette
femme délicieuse, j'ai cru me trouver en
présence de l'une des trois Grâces de
Germain Pilon! dit Louis Boulanger.

—Oh! mieux que cela, mon ami,
mieux que cela, répond Ricourt : tu as

vu celle que le grand statuaire a nommé Poésie !

L'Artiste, à dater de ce moment, fut l'écrin privilégié où mademoiselle Révoil déposa les perles fines de sa muse.

Nous la voyons se lier avec tous les collaborateurs du journal, nombreuse pléiade d'écrivains et de peintres, parmi lesquels nous citerons Eugène Delacroix, Delécluze, le bibliophile Jacob, Champmartin et Chenavard.

On présenta bientôt notre héroïne à madame Récamier.

L'illustre septuagénaire prit en affection mademoiselle Révoil, et Louise devint son intime amie.

Tous les jours on mettait à l'Abbaye-aux-Bois le couvert de la jeune Provençale. Elle fut le rayon de soleil qui réchauffa quelques années encore les hôtes à cheveux blancs de ce dernier asile du vieil esprit français.

Chateaubriand et le duc Matthieu de Montmorency eurent pour Louise toutes sortes de paternelles tendresses.

Elle entendit, un jour, dans une réunion de ce cercle intime, les quatuors d'un jeune artiste nommé Hippolyte Colet.

La personne et le talent de ce musicien touchèrent son cœur.

Madame Récamier devina le secret de la jeune fille, obtint facilement l'aveu de cette affection naissante, et dit à l'auteur des *Martyrs* :

— Voyons, il faut marier ces enfants-là !

Chateaubriand regardait les désirs de sa vieille amie comme des ordres, et d'ailleurs il s'agissait de Louise.

Le jour même, il daigna faire la connaissance de M. Colet.

Ce jeune virtuose était fort amoureux lui-même, et les charmes de mademoiselle Révoil lui trottaient nuit et jour dans le cerveau ; mais il était à cent lieues de soupçonner son bonheur.

Quand le père de *René* lui apprit qu'il pouvait faire sa demande en mariage, et

que cette demande aurait probablement
bon accueil, il s'écria :

— Je suis le plus heureux des hommes!

Phrase banale, stéréotypée sur les lèvres de tous les prétendus, et qu'il serait
préférable d'entendre sortir de la bouche
de l'époux, expérience faite de quelques
années d'hymen.

Les tantes du château de Servannes
troublèrent la joie des amants.

Elles crièrent au mariage de Bohême,
et Louise reçut une lettre furieuse qui
lui enjoignait de ne point passer outre,
sous peine d'être déshéritée.

La jeune fille ne crut pas au sérieux
de la menace. Elle épousa son virtuose.

Mais les tantes ont tenu strictement
parole.

Hippolyte Colet, de son côté, sacrifiait bien quelque chose. Un banquier millionnaire et mélomane était disposé à lui donner sa fille avec quelques cent mille francs de dot. L'artiste pouvait reposer sa tête sur un oreiller moelleux de billets de banque et rêver tout à l'aise à sa gloire future.

Mais il préféra l'existence laborieuse avec la femme aimée.

Les talents supérieurs de Louise et sa beauté mythologique triomphèrent des appas d'un sac d'écus.

Voilà, certes, qui ne se renouvellerait point dans notre siècle de boursicoterie infâme et de sacrifice perpétuel au veau d'or. Aujourd'hui, le papier Joseph passe avant l'amour.

Dès l'année 1836, madame Louise Colet publia son premier recueil, sous le titre de *Fleurs du Midi*.

Ce début poétique passa presque inaperçu.

Pourtant, *les Fleurs du Midi* contiennent plus d'un bouquet aux vives nuances, aux pénétrantes senteurs ; mais le public, ce Shahabaham blasé, ne trouva pas le titre d'assez haut goût.

Hélas ! que de fleurs, écloses sous toutes les latitudes, n'avait-il pas vues, depuis dix ans, briller deux ou trois jours sur les éventaires de la littérature, et mourir !

Toutefois, madame Louise Colet ré-
colta une riche moisson de louanges dans
les quelques cercles du grand monde où
l'on se piquait de juger la bonne poésie.

De hautes amitiés s'intéressèrent à notre héroïne. On la présenta solennellement au noble faubourg. Mais elle ne se
montra point exclusive, et reçut avec un
égal plaisir les hommages du monde offi-
ciel. Ses vers comme ses charmes y trouvaient de nombreux admirateurs.

Un ministre, M. Teste, fut le plus empressé de ses cavaliers servants.

Janin, dans sa critique, n'administrait
pas à Louise le plus léger coup d'ongle;
tous les bonshommes de l'Académie prô-
naient son mérite sur toutes les gam-

mes. Bref, elle devint célèbre sous le manteau de la cheminée.

Hippolyte l'accompagnait dans le monde.

Il tenait fort convenablement cet emploi délicat de mari d'une muse, écoutait les félicitations en homme d'esprit et sans trop d'orgueil, c'est-à-dire sans faire niaisement la roue pour les mérites de sa femme.

En 1839, madame Colet publie un second volume intitulé *Penserosa*.

Vers la même époque, elle donne la *Jeunesse de Gœthe*, comédie en un acte et vers ; puis on la voit lancer à la critique ce fameux dithyrambe où sa fierté blessée éclate en imprécations, et où elle flagelle ces castrats du style dont l'impuissance reconnue se tourne en rage contre les œuvres d'autrui.

Ce dithyrambe est intitulé : *A ma mère*.

Elle concourt ensuite pour le prix décerné par l'Académie française (1).

Cinq jours avant le terme fatal, elle n'a pas encore écrit un hémistiche. Mais tout à coup, elle sent passer sur son front le souffle inspirateur, saisit la plume et compose son poème tout d'un trait.

Le *Musée de Versailles* est le titre de ce poème.

Il fut terminé juste assez tôt pour être

(1) Le 30 mai 1839.

lu confidentiellement à Népomucène Le-
mercier, avant d'être remis, sous enve-
loppe et sous cachet, entre les mains du
gros et excellent Pingard, secrétaire de
l'Institut.

Népomucène était un vieillard très sym-
pathique aux femmes de lettres, quand,
par hasard, elles se trouvaient être jolies.

Pour madame Colet, ce respectable
académicien se fût jeté dans les flammes.

D'ailleurs, le poème avait tout simplé-
ment le mérite d'un chef-d'œuvre (1); et

(1) Il contient de fort beaux vers. On ne
peut reprocher à la forme ni solennité pédantesque, ni emphase, et la critique la plus
rigoureuse y trouve à peine çà et là quelques
négligences de détail, dues à la rapidité de
l'improvisation.

Népomucène gagna très facilement sa cause devant l'immortel aréopage.

Avocat heureux, il obtint même plus qu'il ne demandait.

Non-seulement la pièce de vers fut couronnée, mais on doubla le prix, cette fois, par mesure exceptionnelle.

Peut-être devons-nous reprocher à l'auteur d'avoir glissé dans son œuvre les strophes suivantes, auxquelles nous trouvons une teinte de personnalité trop naïve :

> Devant La Vallière et Fontange,
> La jeune femme, d'un regard,
> Disait : Merci, leurs formes d'ange
> Nous furent transmises par l'art.

> Oh ! ces mots n'ont rien de funèbre !
> Je voudrais une tombe ici.

Puisque la beauté rend célèbre,
Je puis le devenir aussi.

Pas en suivant la même route, madame,
nous l'espérons bien ? D'ailleurs, les rois
sont devenus sages, et les maîtresses en
titre seraient beaucoup moins poétisées
de nos jours que sous le règne de
Louis XIV.

Autre temps, autres mœurs.

L'année 1841 vit paraître *la Jeunesse
de Mirabeau*, livre en prose, où madame
Colet ne montre pas une grande force de
conception et de style. Nous regrettons
de le dire, mais la prose de notre bas-bleu
ne révèle aucune des triomphantes qua-
lités de son vers. Elle s'y élève rarement
au-dessus du médiocre, ce qui prouve de

nouveau qu'on peut parler la langue des
dieux de la façon la plus admirable, tout
en écrivant assez mal celle des simples
mortels.

Notre héroïne est une républicaine de
vieille souche.

Son enthousiasme est sans bornes pour
les femmes célèbres qui ont joué un rôle
dans le drame de 93.

Elle apprend que certain bourgeois de
la rue Saint-Louis possède un magnifique portrait de Charlotte Corday, peint
par David.

Aussitôt elle demande l'adresse du
propriétaire de ce tableau, court lui rendre visite, et obtient de contempler l'i-
mage de la stoïque républicaine.

Charlotte est représentée en camisole rouge, au moment où elle va monter à l'échafaud.

Une violente émotion saisit madame Colet.

Ses yeux se mouillent de larmes, et le jour même, sous l'impression causée par cette magnifique peinture, elle compose un de ses plus remarquables poèmes. *Charlotte Corday*, tableau dramatique en vers, obtient à son auteur d'universels éloges.

Quelques mois après, elle écrit *Madame Roland*, autre essai du même genre.

Nous sommes en 1842. La gloire poétique de Louise est à son apogée. Un de ses amis, très riche et très enthousiaste, fait imprimer chez Lacrampe, avec un luxe vraiment extraordinaire, une édition des poésies du charmant poète.

On ne tire l'ouvrage qu'à vingt-cinq exemplaires, ayant tous leur numéro d'ordre, puis on l'expédie aux têtes couronnées de l'Europe, ainsi qu'à sept ou huit personnages du plus haut rang.

Les souverains témoignent leur satisfaction par de splendides cadeaux.

— En croirai-je mes yeux? s'écrie Chenavard, apercevant chez madame Colet ces magnificences, et admirant surtout le présent envoyé par Louis-Philippe : une médaille d'or!... Il *s'est fendu* de la médaille d'or!

— Hein, dit Hippolyte, on ne l'appel-
lera plus Harpagon ?

— Prrrout !... Quand, par hasard, il
donne à droite, il se rattrape à gauche;
et, de cette affaire, je connais plus d'un
peintre qui n'aura point de commande à
Versailles.

, O la prévention ! dit Figaro.

Son Altesse Royale le duc d'Orléans
joignit à la médaille paternelle une médaille de platine de la valeur de mille
écus.

Décidément la cour citoyenne était
en voie de largesse.

On a cru longtemps que cette magnifique édition de luxe (1) sortait des pres-

(1) Madame Colet a conservé précieuse-

ses de l'Imprimerie royale. Beaucoup de gens affirmaient que le budget et Victor Cousin n'y étaient point étrangers. Cette assertion avait le mensonge et la calomnie pour base.

Peu de femmes ont été plus fêtées que Louise et plus entourées de flatteries et d'hommages.

Quand elle entrait, le soir, dans les salons étincelants, avec sa démarche de reine, ses splendides épaules blanches aux contours si purs, sa noble tête, qui rappelle les types les plus admirables de la beauté, sa luxuriante chevelure blonde, ses grands yeux d'azur et sa taille ma-

ment son exemplaire; elle le montre à ses amis avec orgueil. Il est enrichi de gravures avant la lettre d'un prix inestimable.

jestueuse, on se sentait pris de réminis-
cences classiques, et l'on s'écriait avec
Virgile :

Vera incessu patuit dea !

Louise entendait les hommes se livrer
sur son passage à ces exclamations qui
font toujours battre le cœur de la femme
la plus chaste.

Son triomphe ne s'arrêtait pas là.

Bientôt elle déroulait, sans trop se
laisser faire, d'instances, un petit cahier
parfumé d'ambre, et lisait des strophes
d'une voix sonore, avec un talent de dé-
clamation vraiment remarquable.

Jugez de l'enthousiasme qu'elle faisait
naître !

On applaudissait les vers fortement sculptés qui sortaient de sa jolie bouche, et qui semblaient être une manifestation de la beauté intérieure de cette ravissante créature.

Le lendemain, Louise recevait infailliblement un déluge de vers amoureux.

Elle se montrait fort assidue aux soirées du comte de Castellane (1), — de la duchesse Marliani, femme de l'ambassadeur d'Espagne, — et de la célèbre artiste madame Vigée - Lebrun, très âgée alors, mais dont le cercle était toujours

(1) Hippolyte Colet a composé la partition d'un petito péra-comique joué chez M. de Castellane. Nous croyons que ce fut sa seule tentative lyrique. Il est, de plus, auteur d'un ouvrage intitulé : *Panharmonie musicale*, et fort estimé des musiciens.

le rendez-vous d'un grand nombre de peintres et de gens de lettres.

Madame Louise Colet concourut une seconde fois, en 1843, pour le prix de poésie et remporta un nouveau triomphe.

L'Académie avait donné pour sujet *le Monument de Molière*.

Notre muse était malade et ne songeait point au concours, lorsque Béranger vint lui rendre visite. La conversation tomba sur l'auteur du *Misanthrope*, et le vieux chansonnier sema le dialogue d'appréciations si justes, de traits si fins et si spirituels, qu'aussitôt après son départ la malade, électrisée, quitta son lit pour écrire le poème.

Elle le dédia, par reconnaissance, à

celui qui avait éveillé en elle le génie de l'inspiration.

Le Monument de Molière est plus remarquable encore que *le Musée de Versailles.* Écrit d'un bout à l'autre sur un rhythme animé, rapide, étincelant de verve, il peint admirablement le caractère de l'immortel poëte et les phases diverses de son existence. Les vers sont vigoureux, touchants, expressifs, et l'on n'y rencontre pas cet abus des lieux communs que l'on reproche au genre académique, et que les Quarante acceptent trop souvent pour des beautés de premier ordre.

Nos anciens amoureux de l'Abbaye-aux Bois vivaient ensemble depuis dix ans.

Le ménage était parfois agité par des tempêtes.

On s'épouse dans un sac, dit un vieux proverbe champenois, qui, pour être trivial, n'en est pas moins fort juste.

Hippolyte et Louise ne tardèrent pas à comprendre que tout n'est pas rose dans l'hyménée.

Comme le plus grand nombre des maris du globe, Monsieur finit par se montrer taciturne, maussade, et parfois sournoisement despote ; Madame, au contraire, poussait le besoin d'expansion jusqu'à ses dernières limites, et sa vivacité frisait l'emportement. Comblée d'hommages et d'adorations dans le monde, elle souffrait de ne rencontrer chez Hippolyte que des habitudes brusques et chagrines.

En raison même de son titre d'époux, celui-ci se croyait dispensé de plaire à sa femme.

Il négligeait absolument ces mille prévenances délicates, indispensables au sexe tendre, et qui seules peuvent empêcher l'amour de se briser contre les roches arides du mariage.

Professeur au Conservatoire, savant harmoniste, mais incapable de composer un morceau qu'on pût chanter, M. Colet ne produisait absolument rien et s'indignait de n'avoir point encore la croix d'honneur.

Il excitait sa femme à la solliciter pour lui.

Mais Louise, ayant à demander beaucoup pour elle-même, se montrait sobre
de pas et de démarches à l'égard de cette
petite gloriole de son mari.

Du reste, les époux des femmes poètes
finissent presque toujours par tomber
dans le même ridicule, témoin cet autre
qui disait naïvement dans un cercle composé d'une vingtaine d'écrivains :

— Conçoit-on qu'on n'ait pas encore
donné la croix au mari d'Hermance?

Jugez des gorges-chaudes auxquelles
se livra la troupe charitable!

Mais revenons à notre histoire.

Il y avait donc, entre Hippolyte et
Louise, une sorte de rivalité sourde, qui

engendrait à chaque instant des troubles plus sérieux dans le ménage.

Ajoutez à ces ferments de discorde que la grande beauté de Madame ne décidait pas Monsieur à renoncer aux conquêtes du dehors, et vous comprendrez que la bonne harmonie pouvait difficilement se rétablir.

Notre musicien courtisait d'une façon très ouverte une dame aussi célèbre par le rang qu'elle occupait dans le monde que par sa liaison antérieure avec un grand poète étranger.

Pressée d'instances, en butte à d'éternels soupirs, cette dame parut enfin sensible aux hommages d'Hippolyte.

Après quelques semblants de défense,

pour sauver l'honneur du pavillon, elle
consent à le recevoir chez elle, un jour
où d'ordinaire on la trouvait seule.

M. Colet arrive au rendez-vous.

Sa belle conquête est là, dans un frais
boudoir, en déshabillé voluptueux.

Nonchalamment étendue sur une otto-
mane, elle agace, du bout de sa mi-
gnonne pantoufle, un King's-Charles pe-
lotonné à ses pieds.

Tout cela est aussi provoquant qu'un
tableau pornographique de Boucher ou
de Fragonard. Il s'exhale de cette ravissante personne un fluide irrésistible de
passion. Notre Lovelace veut parler,
mais le son reste muet dans sa gorge :
vox faucibus hæsit. Il ne peut que tomber

éperdu aux genoux de la maîtresse du boudoir.

Celle-ci alors de tousser légèrement.

Soudain la porte s'ouvre. O stupeur ! Louise apparaît sur le seuil, comme une ombre vengeresse.

Hippolyte, anéanti, foudroyé, ne sort de son accablement que pour entendre les éclats de rire de ces dames.

Elles étaient amies intimes.

Tous les détails de cette mystification conjugale avaient, le matin même, été convenus entre elles.

— Bien joué ! dit M. Colet s'efforçant de rire à son tour, afin de dissimuler sa confusion.

Mais il ne parvint qu'à contracter par une abominable grimace les muscles de son faciès.

— Ah ! bonté divine, mon pauvre Hippolyte, que tu es laid ! s'écria Louise. Regarde-toi dans la glace, mon bon ami, ce sera ton châtiment !

Une semblable aventure n'était pas faite pour rapprocher deux époux à demi brouillés déjà. Rarement un homme pardonne à sa femme de l'avoir vu dans une position ridicule.

M. Colet touchait au Conservatoire douze cents francs d'honoraires.

C'était peu ; mais il avait imaginé de prélever sur chacun de ses élèves un impôt de vingt francs par mois, en les contraignant à assister chez lui, deux fois la semaine, à un cours particulier. Comme les élèves se trouvaient assez nombreux, les douze cents francs en valaient six mille.

A tout prendre, les leçons étaient bonnes et données avec conscience.

Le professeur pouvait sans indélicatesse réclamer pour sa peine un supplément de salaire. Mais il eut le tort assez grave de persécuter deux élèves, qui refusaient le payement de cette *contribution indirecte*; il essaya même de les faire expulser du Conservatoire.

Tous ces petits scandales arrivaient aux oreilles de Louise et l'affligeaient profondément.

De nouveaux orages éclatèrent au sein de ce foyer domestique, où ne résidaient plus la confiance, l'estime, l'affection, la tendresse.

Un soir, dans le salon de notre muse, l'entretien tomba sur le magnétisme.

Comme partout, le cercle se partageait en fanatiques et en incrédules.

— Eh bien, je veux vous convertir! dit à ces derniers un chaud disciple du baron Dupotet. Veuillez appeler au salon la bonne qui a reçu mon manteau dans l'antichambre. J'ai remarqué sa complexion; ce doit être un sujet très lucide.

On amène la domestique, robuste fille du département de l'Oise, et dès la première passe elle s'endort.

Aussitôt on lui adresse mille questions saugrenues sur le czar Nicolas, sur Henri V et sur les habitants de la lune.

— Permettez, dit Hippolyte, je vais l'interroger tout seul.

Il s'approche de la somnambule, se met avec elle en communication de fluide, et l'interrogatoire commence.

DEMANDE.

Pourquoi restez-vous trois heures dehors, quand vous allez au marché?

RÉPONSE.

Parce que je vais voir mon amoureux.

DEMANDE.

Qui est votre amoureux?

RÉPONSE.

C'est un pompier.

Sûrement on allait avoir une suite de révélations galantes et autres, si madame Colet n'y eût coupé court, en s'écriant :

— Monsieur, ce que vous faites là est indigne ! Il n'est pas permis d'arracher de la sorte les secrets d'une femme !

Là-dessus, elle quitte le salon, ferme la porte avec violence et laisse tout son monde.

Jamais elle n'a su vaincre l'impétuosité de sa bouillante et loyale nature.

Des scènes analogues se renouvelaient presque tous les jours.

Béranger, qui aime beaucoup madame

Colet et qui l'a surnommée la *Muse pa-triotique*, intervenait dans ces querelles et les apaisait... pour une semaine.

Enfin, la séparation de nos époux eut lieu.

Hippolyte était un homme atrabilaire, à la physionomie dure, au teint olivâtre. Il souffrait depuis longtemps d'une maladie de poitrine. Quoique jeune encore, il avait déjà la taille voûtée. Sa démarche et tous ses mouvements étaient pénibles et comme douloureux.

Lorsque le mal atteignit sa dernière période, Louise, qui avait oublié tout pour aller prodiguer des soins à son infortuné mari, obtint qu'il rentrât chez elle, et le soigna jour et nuit avec le plus angélique dévouement.

Pas un reproche au sujet des anciens torts, pas l'ombre d'une récrimination.

Cependant, le malade eut le caprice, le jour même de son agonie, de vouloir retourner dans le logement qu'il habitait depuis la séparation.

— Tout est fini, ne le contrariez pas, dit le médecin.

Deux heures après avoir été transporté chez lui, M. Colet mourut dans les bras de sa femme, qui le pleura sincèrement et paya ses dettes.

Voici les vers qu'elle a consacrés à son souvenir :

En me voyant passer sous mon vêtement noir,
Ils disent, me jugeant comme ils jugent les femmes :
Ce deuil n'est qu'apparent, ce deuil cache l'espoir...
L'espoir ! Vous qui parlez, regardez dans mon âme.

.   .   .   .
.   .   .   .

Je marchais souriante, à ton bras inclinée,
Le long des peupliers qu'éclairait le couchant.
Sur la lande, un vieux pâtre entonnait un vieux chant
A l'horizon flottait la Méditerranée.

Tous les chastes trésors en secret amassés
Dans une âme de vierge, entre toutes choisie,
Furent pour toi : candeur, fierté, foi, poésie,
Parfums mystérieux qu'en ton sein j'ai versés.

Oh ! comme le destin aurait-pu nous sourire,
L'un sur l'autre appuyés, si tu l'avais voulu !
Tu le sais maintenant que la mort t'a fait lire
Dans mon cœur où, vivant, tu n'as jamais bien lu.

Je ne t'accuse pas ; je me souviens, je pleure ;
L'âme de mes enfants est éclose par toi ;
Et de ton sein glacé jusqu'à ce que je meure
Les derniers battements retentiront pour moi (1).

(1) Mai 1851.

Nature éminemment active, madame Colet, au milieu de ses travaux poétiques les plus sérieux, s'occupe des soins du ménage et ne trouve pas indigne de manier l'aiguille.

Dans son salon, pendant que l'esprit pétille sur ses lèvres et que, presque seule, elle fait les frais d'une conversation brillante, sa main, cette belle main qui a écrit tant de vers délicieux, s'emploie bourgeoisement à ces menus ouvrages de broderie et de crochet qu'affectionnent les femmes.

Louise a, dans son intérieur, l'ordre et la régularité d'une ménagère hollandaise.

Un jour, elle lisait à un ami qui était

venu lui rendre visite les premières scènes de *la Jeunesse de Gœthe*. Tout à
coup une préoccupation de ménage lui
traverse l'esprit..

Elle appelle sa bonne.

— Suzanne, dit-elle, rendez-moi vos
comptes. Qu'avez-vous acheté ?

Aussitôt elle va prendre sur un guéri-
don, à côté du buste de Chateaubriand,
son livre de dépenses, et y inscrit les ac-
quisitions du jour.

Puis elle reprend sa lecture.

Mais bientôt elle est distraite par une
préoccupation nouvelle qui a rapport,
non plus au ménage, mais à la coquetterie.

— Suzanne, la couturière a-t-elle apporté ma robe?... Et la blanchisseuse, lui avez-vous recommandé de mieux empeser mes jupons?

Cette fois, l'ami, qui est homme de sens, comprend que la matière ne sera pas épuisée de si tôt.

Il prend congé de Louise, et celle-ci ne songe point à le retenir.

Madame Colet, du reste, a cette faculté singulière de pouvoir travailler, tout en causant de choses absolument en dehors du sujet qu'elle traite. Elle ne va pas chercher, comme Boileau, la rime fugitive au fond d'un bois solitaire ; elle la trouve au bout de sa plume, tout en additionnant le mémoire de l'épicier.

Elle joint à l'ordre et à l'économie, vertus bien rares chez une muse, un désintéressement sans bornes, une générosité parfaite et beaucoup de grandeur d'âme. Compatissante et sensible, elle a dans son histoire un nombre infini de bonnes actions et de traits de bienfaisance.

Un jeune peintre fréquentait depuis quelque temps son cercle.

Il y venait en habit noir assez propre, et comme il ne laissait jamais échapper une plainte, on était loin de le croire dans une position malheureuse.

Très assidu aux réunions d'abord, il cesse brusquement d'y paraître.

Six semaines s'écoulent sans qu'on le

voie. Madame Colet s'inquiète et demande
de ses nouvelles à l'ami qui le lui a pré-
senté.

— Hélas! répond celui-ci, le pauvre
garçon est malade.

— Ah! mon Dieu! le soigne-t-on bien,
au moins?

— Il n'est pas riche, madame; c'est
tout vous dire.

Une heure après ce dialogue, on frap-
pait discrètement à la porte de la mansarde qui servait d'atelier au jeune peintre. Le besoin plus que la maladie le
clouait sur son grabat.

— Entrez! dit-il, croyant recevoir l'im-
portune visite de quelque créancier.

Or, c'était Louise en personne, char-
gée de gâteaux légers, d'un poulet froid
et d'une bouteille de vin de Bordeaux.

— Vos amis pensent à vous, dit elle
avec un séraphique sourire, et voici ce
qu'ils vous envoient; mais il n'y faut pas
toucher, si vous avez la fièvre.

En un clin d'œil, tout en parlant au
malade, l'excellente femme ramasse les
toiles disséminées dans l'atelier, puis les
emporte, avant que l'artiste, muet de surprise, ait pu desserrer les lèvres.

Dans le salon de madame Colet, le soir
même, une loterie s'organise.

Tous les lots se composent des tableaux
qu'elle a rapportés de la mansarde. Les
billets s'enlèvent, et la noble protectrice

envoie bientôt une somme considérable au jeune malade.

On cite de Louise mille traits de ce genre.

Elle est la-bienveillance et la sympathie incarnées. Si la gêne vous afflige, si quelque embarras entrave vos efforts, elle sait prévenir avec une délicatesse admirable des aveux toujours pénibles, vous ouvre spontanément sa bourse et ne se montre avare ni de démarches ni de sollicitations.

A combien d'artistes n'a-t-elle pas fait obtenir des travaux !

Cent fois elle s'est occupée de vendre elle-même les toiles du peintre ; cent fois elle a fait acheter par le gouvernement

les statues menacées de rester à perpé-
tuité dans l'atelier du sculpteur. Et, —
chose plus merveilleuse encore, — elle
trouve des libraires aux écrivains *inédits !*

En retour de cette obligeance si cor-
diale, madame Louise Colet dispose sans
façon de vos petits services.

Jamais elle ne met de lettres à la poste.

Ses visiteurs sont priés, avec un aga-
çant et irrésistible sourire, de vouloir
bien porter, *en se promenant,* son courrier de chaque jour.

La bienveillance innée de madame Colet n'empêche pas son humeur d'être fort
mobile et fort inégale ; le moindre ennui,
la plus légère contradiction l'irritent.

Alors, sauve qui peut! La bourrasque éclate.

Dans cette nature complexe, on trouve tout à la fois la distinction de la grande dame et le sans-gêne de l'artiste.

Elle professe, nous l'avons dit plus haut, des opinions démocratiques sérieuses, et voue une sorte de culte aux grandes figures de la première république. Outre Charlotte Corday et madame Roland, ses héroïnes de prédilection, elle porte dans son cœur le beau Barbaroux et toute la Gironde.

Un jour qu'elle développait chaleureusement ses doctrines radicales, une jeune dame de ses amies arrive juste au milieu d'un panégyrique enthousiaste de la liberté.

— Ah ! ma toute belle, soyez la bien venue, s'écrie notre ardente girondine ; vous allez me donner votre avis sur ce chapeau de ma faiseuse... Et cette robe, comment la trouvez-vous ?

Quel philosophe que cet animal de Gros-René, lorsqu'il vient nous dire :

La femme est toujours femme et jamais ne sera
Que femme, tant qu'entier le monde durera !

Chez madame Colet, sa table de travail, ses meubles, ses fauteuils, ses guéridons, ses cheminées, tout présente un encombrement inouï de flacons d'essence et de menus objets de toilette.

5

Quand elle vous reçoit, elle caresse, d'un bout à l'autre de l'entretien, les boucles soyeuses de ses longs cheveux blonds; elle verse sur son mouchoir quelques gouttes de patchouli, afin de vous montrer le galbe artistique de son bras blanc noyé dans la guipure; elle avance son pied mignon, qu'emprisonne une pantoufle de satin, et produit tour à tour à vos regards ses grâces les plus séduisantes.

Elle ne songe qu'à plaire, et, d'honneur, il est difficile de la voir, encore aujourd'hui, sans perdre la raison!

Sa mise est d'un goût exquis et d'une parfaite élégance. Presque toujours elle est habillée de bleu, couleur favorite des blondes.

Néanmoins, malgré ses puissants instincts de coquetterie, son caractère présente des faces toutes viriles. Dans ses œuvres comme dans ses discours, elle se montre plus passionnée que tendre. Il arrive même que l'ardeur de la composition et du travail lui font oublier le culte de ses attraits. Quand elle écrivit *la Jeunesse de Gœthe*, elle demeura huit jours en robe du matin.

Cette constance d'application n'a pas réussi à lui faire écrire une bonne pièce. Jusqu'à ce jour, son talent ne semble pas se prêter aux exigences de la scène (1).

(1) Elle a composé deux autres pièces de

Parlons un peu des hôtes du salon de
madame Colet.

Jadis, parmi les plus assidus, on comp-
tait Béranger, Janin, le bibliophile Jacob
et Eugène Delacroix.

Aujourd'hui, les fidèles sont : l'académicien Patin ; — Eugène Pelletan ; —
Rouvière, un acteur comme il n'y en a
pas, car il fait l'éloge du talent des autres comédiens ; — les sculpteurs Maindron et Préault (1) ; — l'historien Henri

théâtre : *les Lettres d'amour*, comédie en un
acte, et *Une Famille en 93*, drame en cinq
actes, publié dans le journal *la Presse*. Ni
cette comédie, ni ce drame, n'eurent les
honneurs de la rampe.

(1) Pradier était aussi l'un des hôtes de
madame Colet. Plusieurs fois il a fait son
buste. A la mort du grand artiste, Louise lui
a consacré d'admirables strophes, auxquelles nous renvoyons le lecteur.

Martin; — Alfred de Vigny, le seul peut-
être qui ne dogmatise jamais et qui écoute
tout le monde; — Babinet, —Gueymard,
Champfleury, — Adolphe Dumas et An-
tony Deschamps.

Celui-ci est honoré des confidences intimes de la reine du lieu. Madame Colet
daigne lui lire ses vers les plus fraîche-
ment éclos.

Adolphe Dumas, nature délicate et
tendre, est aussi fort bien posé dans ses
bonnes grâces. Franc d'ambition, comme
la violette de Saint-Sorlin, ce bon Adolphe se cache sous l'herbe,

Modeste en sa candeur, modeste en son séjour.

Il passe sa vie avec ses livres et ses

colombes. Un jour, il disait à Louise :

— En ce monde, il y a trois sortes de gens méconnus : les femmes, les poètes et les prêtres.

—Ah! s'écrie-t-elle, les femmes et les poètes, oui ; mais non pas les prêtres !.

Qu'y faire ? Notre muse est implacablement prêtrophobe. Elle aime beaucoup parler religion et théologie, mais pour combattre, bien entendu, le dogme et la doctrine. On peut dire que le catholicisme n'a pas d'ennemie plus acharnée, — madame Colet nous permettra de ne pas dire plus redoutable.

A son cercle, un soir, elle se fâcha tout rouge avec un contradicteur beaucoup plus fort qu'elle sur la matière, et dont il lui était impossible de rétorquer les arguments.

La discussion dégénéra en aigreur et en personnalités.

Trois semaines plus tard, le catholique se vengea de notre voltairienne, en analysant un de ses ouvrages et en glissant au milieu de l'article une abominable phrase que Louise ne lui a jamais pardonnée.

« C'est un poète sensuel, écrivait-il, et une femme sensible. »

— Et dire que j'ai reçu à ma table un pareil monstre ! s'écria madame Colet avec indignation.

Auguste Préault, le sculpteur, apaise quelquefois par de fines railleries les orages qui s'élèvent dans le cercle de notre muse impétueuse.

Préault, vous ne l'ignorez pas, est l'homme qui fait le plus de bons mots et le plus de mauvaises statues.

Il est, en outre, le paradoxe incarné.

Chacun peut l'entendre affirmer avec un sang-froid superbe, que jamais il n'est parvenu à s'exalter l'imagination et à produire un *chef-d'œuvre*, sans avoir bu préalablement, coup sur coup, trois ou quatre carafes d'eau claire. Il ajoute que la froideur de la plupart des artistes en sculpture tient à ce qu'ils négligent trop ce moyen de s'échauffer la tête.

Puisque nous avons touché la corde délicate des vivacités de madame Colet, citons un fait qui prouvera combien elle est peu maîtresse de la spontanéité de sa colère:

Elle rencontre un jour, dans la rue Montmartre, un sien parent, littérateur, avec qui elle était brouillée depuis six mois. Ce monsieur, fort impoli, du reste, la reconnaît à merveille et passe sans la saluer.

Voilà notre muse hors d'elle-même.

Quittant aussitôt le bras d'une personne qui l'accompagne, elle va droit à l'insolent et lui administre le moins féminin des soufflets.

Ah! l'anecdote est historique!

Une fois sa colère éteinte, et comme toutes les personnes chez qui l'emportement n'exclut pas la bonté, Louise regrette avec amertume les petites violences auxquelles l'entraîne sa nature.

Ceux qui lui gardent rancune pour une apostrophe un peu vive où pour une sortie à brûle-pourpoint, sont vraiment trop rigoureux. Son cœur devrait toujours lui obtenir le pardon de ses travers.

Nous ne soutenons pas que ce pardon doive s'étendre jusqu'au soufflet de la rue Montmartre.

Encore, la main est si jolie!...

Beaucoup d'individus, chrétiens ou non, suivraient volontiers, dans une cir-

constance analogue, le précepte de l'É-
vangile, et tendraient l'autre joue.

Louise Colet, bien que fervente républicaine, est pensionnée des gouvernement monarchiques. On sait l'intérêt que
lui porta longtemps Victor Cousin. Ce
grand philosophe lui fit donner, pendant
son ministère, une pension modeste,
augmentée par la suite, et qui s'élève
aujourd'hui au chiffre de 2,000 francs.

Il est très juste qu'une femme de ce
mérite ait sa part dans les gratifications
accordées aux lettres.

D'ailleurs, madame Colet n'a point de
fortune, et les vers, aujourd'hui, rappor-
tent si peu! Il est même déplorable que
la nécessité l'oblige à écrire dans un

journal de modes, travail insipide et tout
à fait indigne d'elle.

Un témoin véridique nous assure qu'il
la vit un jour pleurer à chaudes larmes
en corrigeant ses épreuves.

En 1851, madame Colet concourut une
troisième fois pour le prix de poésie.

Mais nos académiciens écartèrent du
concours son œuvre, qui avait pour titre
la Colonie de Mettray. Ils la déclarèrent
empreinte de socialisme.

L'année suivante, après avoir changé
quelques passages mal sonnants, elle
présenta de nouveau son poème à l'a-
réopage. Cette fois, elle obtint le prix.

Un quatrième triomphe académique

lui échut en 1854, pour *l'Acropole d'A-thènes*, dédiée à Alfred de Vigny (1).

Madame Colet a consacré à cette œuvre plus de soin encore qu'aux précédentes. La poésie en est grande et simple tout à la fois ; elle caractérise merveilleusement, selon nous, le génie de l'auteur, qui appartient au romantisme par le fond, et au genre classique par la forme. *L'Acropole d'Athènes* respire un véritable parfum d'antiquité. Si l'on peut s'exprimer de la sorte, ce poème chatoie d'images délicates et de peintures gracieuses. Presque tous les vers

(1) Quelques années auparavant, elle reçut de magnifiques ovations en province, et plusieurs Académies voulurent posséder son buste.

semblent tombés de la plume d'André Chénier.

Plusieurs critiques ont menti de la façon la plus impudente en assurant que notre muse doit à M. Cousin ses succès officiels.

Louise elle-même s'est expliquée à cet égard.

« Nous avons concouru quatre fois, dit-elle, pour le prix de poésie, et quatre fois nous l'avons remporté. Comme cela n'était jamais arrivé à aucune femme, le public s'est étonné, et quelques-uns ont crié à la faveur. Nous avons repoussé du sourire, et aujourd'hui nous repoussons de la parole cette opinion. Chaque fois que nous avons eu le prix, la protection a toujours été accordée à l'œuvre, jamais à la personne. »

Uniquement préoccupée du beau, du vrai, du sublime, Louise a en horreur la littérature marchande, ses trafics immondes et ses roueries.

Après son quatrième couronnement, elle s'écria :

Je ne te cherche plus, gloire contemporaine,
Blême prostituée aux baisers de hasard,
Qui tends les bras à tous, et, sein nu dans l'arène,
Prodigues ton étreinte aux bateleurs de l'art.

Les ouvrages en prose, publiés par madame Louise Colet à diverses époques, ont pour titre : *Historiettes morales*, — *Essai sur les écrits de madame de Lam-*

bert, — *Thomas Campanella* (1), — *Madame du Châtelet*, — *Madame Hoffmann Tanska*, — *Jacques Delille*, — la *Provinciale à Paris*, — *les Enfants célèbres*, — et *Une Histoire de soldat*, publiée récemment par le *Moniteur*.

Elle a traduit de l'anglais le *Jules César* et la *Tempête*, de Shakespeare.

Les journaux ou recueils honorés tour à tour de sa collaboration, depuis quinze ans, sont *la Gazette des Femmes*, — le *Constitutionnel*, — *la Presse*, — les *Français peints par eux-mêmes*, — *l'Illustration*, et *le Journal des Demoiselles*.

(1) Le fameux astrologue du cardinal de Richelieu, dont elle a traduit les *Lettres* et les *Poésies*.

Citons enfin au nombre de ses poésies remarquables : *Ce qui est dans le cœur des femmes,* — *les Cœurs brisés,* — *la Femme,* en cours de publication, — et *Ce qu'on rêve en aimant.*

Nous remarquons dans ce dernier poème les strophes charmantes qui vont suivre :

La lune mollement illuminait les nues,
Par la fenêtre ouverte entrait un jour tremblant ;
Une femme était là : sur ses épaules nues
En longs plis sinueux flottait un burnous blanc.

Ses cheveux déroulés parmi la draperie,
De leur ombre mouvante en creusaient le contour ;
Son visage, où passait sa pure rêverie,
Souriait à la nuit, souriait à l'amour.

Dans le reflet nacré dont s'éclairait la chambre,
Ne vibrait que le bruit de son souffle ; et parfois
Le petit craquement de deux bracelets d'ambre
Qui, sous ses bras croisés, venaient frôler ses doigts.

Sa beauté de l'éther avait la transparence,
Et rayonnait en blanc sur le mur obscurci.
Tout à coup une voix, traversant le silence,
Suppliante lui dit : « Oh ! reste, reste ainsi ! »

Oh ! que je te contemple ! Oh ! demeure immobile !
Pour m'attirer à toi, n'entr'ouvre pas tes bras !
Dans ta divinité sérieuse et tranquille,
Laisse-moi t'adorer ; reste, ne parle pas !

Ce morceau, qui a pour titre *Adoration*, est d'une touche véritablement magistrale. Les *Fantômes*, les *Cloîtres espagnols* et vingt autres pièces du même volume sont de cette beauté.

Dans le poème intitulé : *Ce qui est dans le cœur des femmes*, et sous cette épigraphe : *A ma fille*, nous trouvons le sonnet admirable que voici :

Tu t'élèves et je m'efface,
Tu brilles et je m'obscurcis;
Tu fleuris, ma jeunesse passe,
L'amour nous regarde indécis.

Prends pour toi le charme et la grâce,
Laisse-moi langueurs et soucis;
Sois heureuse, enfant, prends ma place :
Mes regrets seront adoucis.

Prends tout ce qui fait qu'on nous aime :
Ton destin, c'est mon destin même.
Vivre en toi, c'est vivre toujours.

Succède à ta mère ravie;
Pour les ajouter à ta vie,
O mon sang, prends mes derniers jours !

Nous ne croyons pas nous tromper en disant que ceci est un chef-d'œuvre.

Ces beaux vers nous apprennent que madame Colet a une fille charmante, qui entre dans sa dix-septième année.

Le sculpteur Maindron, très assidu au cercle de Louise, ainsi que nous l'avons dit plus haut, ayant exposé sa magnifique statue de Velléda (1), madame Colet chanta solennellement l'œuvre de cet artiste. Les strophes qu'elle consacre à la belle druidesse ont le doux éclat et le parfum suave des bruyères de la Germanie.

Quelques jours avant la mort de madame Récamier, Louise reçut de cette noble et illustre amie le don précieux de sa correspondance complète, avec le droit de la publier après sa mort.

(1) Mademoiselle de Narbonne-Pelet daigna prêter ses traits pour cette statue, qui, dit-on, lui ressemble beaucoup. Un modèle posa pour le corps.

M. de Girardin demanda ces lettres et en commença la publication dans *la Presse*.

Les secrets de cœur, et pour ainsi dire les *Confessions* d'une femme aussi célèbre, offraient à la curiosité publique un attrait prodigieux. Par malheur, M. Charles Lenormand, qui avait épousé la nièce de madame Récamier, intenta un procès au journal et à Louise. Les tribunaux interdirent la publication.

Pendant assez longtemps, Alfred de Musset fut l'ami de notre Muse. Il se montrait pour elle très affectueux et très empressé.

On disait à madame Colet :

— Profitez de votre influence, et tâchez de l'arracher à ses funestes habitudes.

Elle tenta la conversion.

Aussi souvent qu'elle put l'obtenir, elle obligea le poëte à venir la prendre, chaque soir, pour l'accompagner à la promenade. Elle le gardait ensuite à la maison le plus longtemps possible.

Un jour qu'ils revenaient ensemble du Jardin-des-Plantes, Alfred lui parlait à peine. Il se montrait sombre et taciturne.

L'auteur de *Rolla*, sans répondre, la quitte brusquement.

Surprise, elle le suit des yeux et le voit

entrer chez un marchand de vins, où il se fait servir un verre d'absinthe sur le comptoir.

— Ah! c'en est fait, vous êtes incorrigible! s'écria-t-elle quand il vint la rejoindre.

Madame Colet, au moment où nous terminons cette esquisse, revient de Londres, où elle est restée près de six mois. A son retour, elle a passé par Guernesey, pour y rendre visite à Victor Hugo.

« — Comment voulez-vous être traité? » demandait jadis Alexandre à Porus.

« — En roi! » répondit le prince indien.

Si nous avions adressé la même demande à madame Colet, elle nous aurait
répondu sans doute :

« — En homme de lettres! »

Nous croyons avoir entièrement rempli
son désir.

FIN

Paris.—Dubuisson et C⁰ rue Coq-Héron, 5.

Imp. Lith. de V. Janson, rue Dauphine, 18.

25 CENTIMES LA LIVRAISON AVEC GRAVURES

MÉMOIRES

DE

NINON DE LENCLOS

PAR

EUGÈNE DE MIRECOURT

Auteur des *Confessions de Marion Delorme*

2 volumes grand in-8° jésus, illustrés par J.-A. BEAUCÉ

Le succès obtenu par les *Confessions de Marion Delorme* nous décide à publier sans interruption un second ouvrage, qui en est, pour ainsi dire, le complément.

A l'étude si dramatique et si intéressante du siècle de Louis XIII, M. Eugène de Mirecourt va faire succéder l'étude du grand siècle, que mademoiselle de Lenclos a parcouru dans toute sa durée et dans toute sa gloire.

Nous allons retrouver ici, sous un autre point de vue et dans des circonstances différentes, beaucoup de personnages du premier livre, mêlés à de nouveaux drames et à des péripéties plus saisissantes, peut-être. L'histoire de Marion Delorme finit à la Fronde; celle de Ninon de Lenclos traverse une période de soixante années au delà, marche côte à côte avec le siècle de Louis XIV, en coudoie toutes les illustrations, tous les héroïsmes, et s'arrête au berceau de Voltaire.

Nous ne négligerons rien pour donner à cet ouvrage, comme au précédent, tout le luxe typographique possible, et les dessins des gravures continueront d'être confiés au spirituel et fin crayon de M. J.-A. Beaucé.

La publication aura lieu également, soit par livraisons, soit par séries, au choix des souscripteurs.

CONDITIONS DE LA SOUSCRIPTION

Les MÉMOIRES DE NINON DE LENCLOS, par Eugène de Mirecourt, formeront 2 volumes grand in-8°.

20 gravures sur acier et sur bois, tirées à part, dessinées par J.-A. BEAUCÉ, et gravées par les meilleurs artistes, illustreront cet ouvrage, qui sera publié en 60 livraisons à 25 cent., et en 10 séries brochées à 1 fr. 50 c. chaque.

Chaque livraison contiendra invariablement 16 pages de texte. Les gravures seront données en sus. — Une ou deux livraisons par semaine.

L'ouvrage complet, 15 fr.

ON SOUSCRIT A PARIS

CHEZ GUSTAVE HAVARD, LIBRAIRE-ÉDITEUR

15, RUE-GUÉNÉGAUD,

Et chez tous les Libraires de la France et de l'Étranger.

6 FRANCS AU LIEU DE 40 FRANCS

30ᵉ ANNÉE

PRIX DU NUMÉRO : 10 CENTIMES DANS TOUS LES DÉPÔTS.

LE VOLEUR

ILLUSTRÉ

CABINET DE LECTURE UNIVERSEL

Publiant, toutes les semaines, 16 pages de texte grand in-4°,
contenant, EN CARACTÈRES PARFAITEMENT LISIBLES, 150,000 lettres,
et illustrées de 4 ou 5 bois et d'un rébus

VIENT D'ABAISSER SON PRIX DE **40** FR. A **6** FR. PAR AN.

PARTIE LITTÉRAIRE

LE VOLEUR ne fait concurrence à aucune publication illustrée. Ce n'est point un recueil de nouvelles, c'est un véritable journal, *moins la politique*, réunissant à l'intérêt d'une revue l'à-propos d'une feuille quotidienne. Romans, Nouvelles, Voyages, Mémoires, Études historiques, Portraits biographiques, Esquisses de mœurs,

Courrier de Paris, Gazette pour rire, Comptes rendus de théâtres et de livres nouveaux, Revues musicale, judiciaire et artistique, Mélanges, Faits divers, tel est le cadre immense dont il dispose et qui répond à tous les goûts, à toutes les préférences, sans jamais choquer les justes susceptibilités de la morale et de la religion.

Grâce à ses traités et à ses relations, LE VOLEUR est toujours en mesure d'offrir à ses lecteurs les noms les plus brillants de la littérature et la fleur des œuvres de l'esprit, à quelque langue qu'elles appartiennent, ainsi que les extraits les plus in téressants des ouvrages inédits ou nouveaux; en un mot, rien de remarquable ne paraît, soit dans la presse, soit dans la librairie, qui n'ait immédiatement son écho dans les colonnes de ce recueil.

Miroir intelligent et fidèle de la presse française et étrangère, il possède, à côté de l'élément dramatique et intéressant, qui ne parle qu'à l'imagination, l'élément actuel, qui s'intéresse à l'esprit en même temps qu'à la curiosité. Réservant toujours à l'à-propos une portion de son texte et de ses gravures, il réunit, au plus bas prix possible, l'agrément du journal à l'attraction du roman.

PARTIE ILLUSTRÉE.

Les illustrations sont confiées aux plus habiles artistes ; les noms de Doré, Edouard de Beaumont, Nadar, Télory, etc., sont, à cet égard, la meilleure des garanties.

Chaque livraison contient quatre ou cinq grands bois de la largeur de trois colonnes et couvrant l'étendue de la moitié d'une page, et, en outre, un rébus illustré.

Aux vignettes qui lui appartiennent, et qui se composent de scènes de romans, de vues, de portraits, de cérémonies contemporaines, de gravures de modes, de caricatures et d'actualités de tout genre, LE VOLEUR joint encore les plus belles illustrations empruntées soit aux journaux, soit aux publications en vogue.

EN SOMME, DIMINUTION DE PLUS DE 80 POUR 100, ET INTRODUCTION DE L'ILLUSTRATION DANS LE TEXTE, TEL EST LE RÉSUMÉ DE LA RÉVOLUTION QUE VIENT D'ACCOMPLIR LE JOURNAL LE VOLEUR, ET QUI NE PEUT MANQUER D'ÉLEVER CE RECUEIL AU PREMIER RANG DE LA PRESSE LITTÉRAIRE A BON MARCHÉ.

ON S'ABONNE :

A Paris, rue Neuve-des-Petits-Champs, 35 ; en province, chez les libraires et en envoyant un mandat de poste sur une maison de Paris, à l'ordre du directeur du VOLEUR.

Prix de l'abonnement : Paris, un an, 6 fr. ; six mois, 3 fr. 50 c. ; un numéro, 10 centimes, pris au bureau ou chez les libraires.

Province : un an, 8 fr. ; six mois, 4 fr. 50 c. ; un numéro, 15 centimes, en timbres-postes. Les abonnements ne partent que du 1er de chaque mois. — Toute lettre non affranchie est rigoureusement refusée.

LA SÉRIE ILLUSTRÉE A COMMENCÉ AVEC LE MOIS DE NOVEMBRE 1856.

Paris.—Imp. Dubuisson et Cᵉ, rue Coq-Héron, 5.

www.ingramcontent.com/pod-product-compliance
Lightning Source LLC
LaVergne TN
LVHW050645090426

835512LV00007B/1052